So ein Affentheater

***

Gedichte und dergleichen
Vom „Bonobo" Andreas Galambos

Ein „Books on Demand" Buch

Die in diesem Buch versammelten Gedichte und Sketche entsprechen weitestgehend den Originalen, lediglich das Zeilenlayout wurde bei manchen aus drucktechnischen Gründen verändert.

Alle Texte entstammen ausschließlich meiner Feder (oder Tastatur), mit Ausnahme des letzten Stücks „Weihnachtsnacht", das von meiner Mutter stammt, aber so schön war, dass ich es einfach – trotz ihres anfänglichen Widerstandes – mit aufnehmen musste.
Ich bin sicher, auch Ihr seid der Meinung:
das war richtig so!

Inhalt

Inhalt...3

INTRO.. 5
Poesie der Denkfabrik... 5

HOMINIDENGEDANKEN.................................. 7
Verträumtes und Nachdenkliches 7
Die Tür 8
Traumreise – Den Fluss entlang........................... 9
Ein Gedicht wird 10
Ein Gedicht entsteht.................................... 11
Hymnus in Öl 12
Verwirrend? Klar! 13
Evolution 14
Kreationismus 15
Gedanken einer Leiche.................................. 16
Klassentreffen... 17
Randnotiz.. 18
Nachruf auf einen Helden 19
Zukunftsvision... 20
meinungsverschiedenheit 21
Ode an den Tripelpunkt des Lebens..................... 22
Eau-de! 23

AFFENSTARK! 25
Mit und über den Optimismus......................... 25
Ein Dichter bei der Arbeit 26
Da werde ich zum Tier! 27
Selbstportrait.. 28
Der doofe Amor.. 29
Das Grauen schleicht sich ein! 30
Relaxte Gedanken zum 3. Advent 2006 31

AFFENTHEATER!................................... 33
Absurdes und Humorvolles 33
Danksagung an meinen besten Freund.................... 34
Verzappt (Heinz und Gudrun).......................... 35
Gespräch zweier Zeitalter............................ 36
Volkslied – Remix 37
Reimlos XP - Systemabsturz 38
Ich will hier rein! 39
Russland sucht sein Mütterchen...................... 40

Du - ein etwas anderes Liebesgedicht 41

ICH GLAUB, MICH LAUST DER AFFE! 43
Bus(c)htrommeln & das Gesetz des Dschungels........................ 43
Kriminaltango der Rechtschreibreform............................. 44
Die Farbe des Geldes 46
Der Moslemterrorist - Zwiegedächt............................... 47
Das Wort im Wandel… 48
Ein patentiertes Verfahren 49
Hey, Big Spender!... 50
Die Wirtschaftsweisen... 51
Steuermann: Volldampf voraus!..................................... 52
Erleuchtung!.. 53
Extrablatt!... 54
Lesen bildet... Stresspusteln!.................................... 55
Mahlzeit!... 56
Zu Tisch bei Fischs 57
Offener Brief an die U.S. of - ey! 58
Realität.. 59
Terror Café (Oriental).. 60
Terror Café (Hardrock).. 61
Unerhört 62

AUF DER BANANENSCHALE DES LEBENS.................63
Keine Banane ist so hart wie das Leben!........................... 63
Ich Tarzan, Du Jane!.. 64
Schönheit – falsche Seite 66
Aus dem Leben eines Taugeviel..................................... 67
Armes Schwein! 69
Lakritz macht spitz – Döner macht schöner! 70

IM URWALD GIBT'S KOA JAHRESZEITN – IM ZOO ABER SCHO!..71
Saisonale Gedichte 71
Positiv denken!... 72
Frühlingsgefühle 73
Frühlingssynästhesie 74
Die Vier Jahreszeiten... 75
Es weihnachtet sehr – und immer mehr!............................. 76
Alle Jahre wieder 77
Weihnachtsnacht (Ruth Galambos) 78

IMPRESSUM 79

ÜBER DEN AUTOR 80

Intro

Poesie der Denkfabrik

Worte, die den Kopf durchfetzen -
für Grammatik kein Bedarf.
Unser Hirn kann's nicht verletzen,
sei Verstand auch noch so scharf!
Bilden Bilder ohne Rahmen,
Gripsefeu mit tausend Ranken,
Hirngemälde ohne Namen,
Mosaike aus Gedanken!

Brechen erst abstrakten Bann,
wenn die Kunst zufriedenstellend
ausgesprochen werden kann.
Ausgesprochen sinnerhellend,
für den Mensch, der sie empfängt,
sich erfreut der Fantasie,
und sich seinen Teil dann denkt -
in der Hirnmaschinerie...

Hominidengedanken

Verträumtes und Nachdenkliches

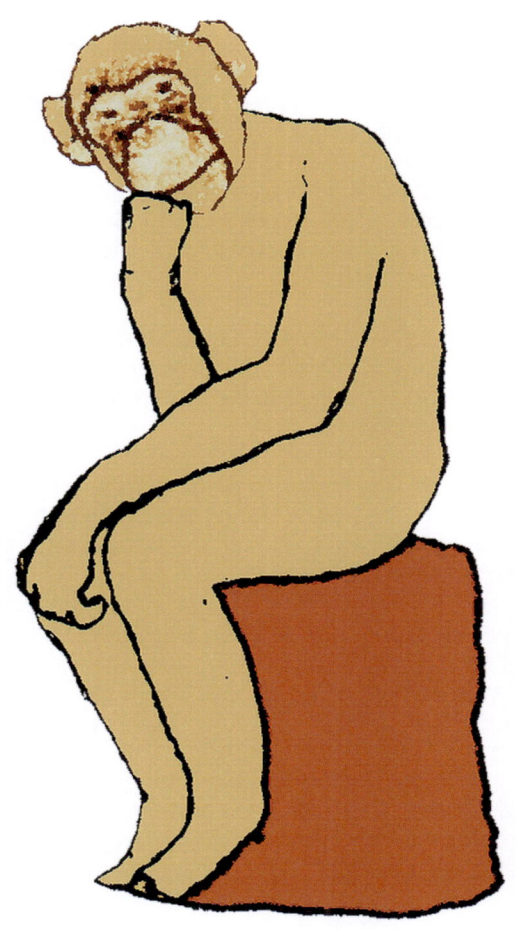

Die Tür

In Gedanken steh ich hier, allein vor einer grauen Tür,
die so unscheinbar und schlicht, wie all die andern, die ich seh:
Links und rechts von wo ich steh, sind hundert Türen in der Sicht,
endlos lang und endlos dicht!

Drehe mich und schau zurück: auf 100 Türen fällt mein Blick!
Wach ich oder träume ich? Bin vor Türen ganz benommen:
Woher bin ich wohl gekommen? Diese? Nein, die war es nicht...
Brennt da hinten noch das Licht?

Bin verloren und verwirrt und vom graden Weg geirrt –
Nein: Geraden gibt's hier nicht, nur verschlungne, dunkle Pfade!
Öffne jene Tür, die eben in mein rechtes Auge sticht,
trete ein – und such das Licht...

Denn: stockdüster ist es hier! Ich seh nichts, und ich verlier
meine Richtung aus der Sicht. Und ich wanke und ich holper
durch die Finsternis und stolper, falle hin auf mein Gesicht,
krabble, krieche wie ein Wicht...

Hab zum Aufstehn nicht das Herz. Tu es doch, denn dieser Schmerz
in den Knien lässt mich nicht weiter kriechen. Stehe auf,
find einen Geländerknauf, halt mich fest und hangel mich
entlang – gerade, hoffe ich...

Stehe plötzlich vor ner Türe – lasse fallen alle Schwüre,
die zum Himmel ich gericht'! Dreh mich freudig um und stell
fest: der Raum ist leuchtend hell! Seh den Stein, der mich erwischt
und alle Löcher, dicht an dicht...

Doch dann wird mir angst und bang: eine Reihe, endlos lang,
voller Türen, grau und schlicht, sehe ich und bin benommen –
Woher war ich wohl gekommen? War's die linke? Oder nicht?
Brennt da hinten noch das Licht?

Möchte aus dem Wahn entfliehen, durch die neue Türe ziehen –
doch DIE Türe gibt es nicht! Hundert sind es nun stattdessen,
und ich wähle ganz vermessen eine aus, die grau und schlicht –
hoffe diesmal auf mehr Sicht...

Traumreise – Den Fluss entlang

Heute sitz ich ganz allein am Fluss, im warmen Sonnenschein,
lasse meine Füße baumeln, meine Seele träumend taumeln,
weg von Sorgen und Verdruss, weg von mir und hin zum Fluss,
der so majestätisch fließt, sich über meine Zehn ergießt...

Und ich träume, wie er hell, glasig klar, aus einem Quell,
durch einen kleinen Felsenspalt im Gebirge, eisig kalt
entspringt, sich quasi selbst erfindet, sich um Felskaskaden windet,
Zufluss aus nem Bach erfährt und sogar Forellen nährt!

Und so werde ich zum Schluss eins mit jenem neuen Fluss,
der, fernab von seiner Quelle, stürmisch über Wasserfälle
strömt und meinen Weg mir bahnt, hinab zum weiten Ozean,
in den ich langsam mich verteile und verharre, eine Weile.
Doch die Rast ist nicht von Dauer: schon verspür ich einen Schauer,
der mich auseinanderdrängt, einen Teil von mir absprengt,
der sich aus dem Meer erhebt, verdunstet und gen Himmel schwebt,
dort zur Wolke sich zu ballen, wattig weiß und fern von allem!

Seh mich selbst nach Norden fliegen, zugleich mit den Wellen wiegen,
um am Nordpol zu gefrieren. Kann als Eisberg nunmehr spüren,
wie ein Eisbär sich vergnügt, sich auf meine Platte schmiegt!
Auch ich, Wolke, seh das Treiben, will nicht mehr am Himmel bleiben!
Lasse mich vom Schauspiel locken: schweb herab in weißen Flocken
zu des Eisbärs pelz 'gen Füßen, um mich selbst dort zu begrüßen -
bin nun wieder eins und ganz! Breche in der Sonne Glanz
ab vom nordpolaren Eise, gehe wieder auf die Reise.

Weg vom weißen Bärenpelze treib ich südwärts, bis ich schmelze.
Peitsche auf in hohen Wellen, spüre Wale durch mich schnellen,
mich mit Riesenmaul verschlucken und mit ihrem Blas ausspucken,
mir zu Ehren Lieder singend, bis zur nächsten Küste bringend!
Fließ in Frankreich an den Strand, verdunste dort, flieg über Land
als Cumulus zum Matterhorn! Dort beginnt das Spiel von vorn:
denn ich regne mich hernieder im Gebirge, wo ich wieder
tröpfele in eine Quelle, stürze über Wasserfälle...

Strudel bringen mich ins Taumeln... Sehe plötzlich Füße baumeln
und ein haarig, käsig Bein! Hände tauchen in mich ein,
schöpfen mich und trinken mich – und letztendlich sitze ich,
ohne Sorgen und Verdruss, sinnig träumend an dem Fluss, glücklich!

Ein Gedicht wird

Ich
enthülle
jede Schicht,
Dich zu entblößen,
Dein Innerstes zu blecken,
bis hinunter zur allerletzten Lage,
um endlich Deinen wahren Kern offen zu legen,
mir seiner Schönheit Tränen in die Augen zu treiben,
welche mich unwiderstehlich dazu bewegen,
rückwärtig einzupacken Deine Aussage,
die Dimensionen zu verstecken,
Dein Wesen zu erlösen,
das Du, Gedicht,
erfüllen
s
o l
l s
t

Ein Gedicht entsteht...

Weißes Blatt
schreist mich an
stumm und dennoch
so ohrenbetäubend laut:
"Füll mich!
Definiere mich!
Gib mir meinen Sinn!"

Doch was, oh Blatt, fülle ich ein?
Ein Thriller? Dafür bist Du zu klein!
Oder vielleicht eine Melodie?
Doch halt! Nein, nein: Du singst ja nie!

Ich setz den Stift an, um zu malen.
Du rufst: "Erspare mir die Qualen!
Du bist nun wirklich kein Van Gogh!"
"Unverschämtheit!" denke ich noch.

"Beleidigen lass ich mich nicht!"
Dann die Idee: "Schreib ein Gedicht!
Die Wörter recht zusammenzuleimen,
damit sie sich zusammen reimen,
ist sicher nicht zu kompliziert!"
denke ich und bin verwirrt:

Es war nicht meine Intention,
doch siehe da: da steht es schon
und reimt sich ganz und gar vorzüglich!

Blatt ist voll. - Bereimt und glücklich!

Hymnus in Öl

Wattig weiße Wolkenschimmel
unter gleißend gelber Sonne
ziehen durch azurnen Himmel
über schwarze Lavafelder,
und vergießen ihre Wonne,
tränken durstig grüne Wälder.

Zauslig zarte Zirrhusfetzen
schweben durch türkisne Förde,
Logenplätze zu besetzen
auf den Atmosphärenrängen,
für das Schauspiel auf der Erde
und ihr farbenfrohes Drängen:

Pummelige Purpurschnecken
schleimen rötlich rote Kleckse
auf den Ockerboden. Recken
ihre Hälse in die Lüfte -
zarte Indigogewächse
locken sie mit blauen Düften!

Schmetterlinge schwirren, schillernd
wie zehntausend Regenbogen,
während bunte Vögel trillernd
silbergrüne Fliegen jagen;
dort, wo Himalayas Wogen
grau-weiß in den Himmel ragen!

Feuerfarbne Fantasien
spielt die Sonn am Horizont,
wenn sie goldne Symphonien
im Gebirgsmassiv entfacht,
kurz bevor der Silbermond
es beschützt vor schwarzer Nacht!

Sag mir: welcher Künstler hätte
für der Leinwand nacktes Grau
eine solche Farbpalette?
Vom Genie gar nicht zu reden!
Ach, wie gern macht ich jetzt Blau,
auf dem blauen Buntplaneten!

Verwirrend? Klar!

Arm und reich,
heil und krank,
sind wir zugleich,
und ohne Dank
leben wir los,
frei und gebunden,
bedeckt und bloß,
voll Angst zu gesunden!

Hungrig und satt –
Genies ohne Wissen.
Lernen uns platt
vom Kopf zu den Füßen,
bis wir schließlich
vor Dunkelheit strahlen
und friedlich, verdrießlich,
die Pleite bezahlen!

Was sind wir und wo?
Identifiziert?
Entflohn einem Zoo?
Schizophreniert?
Nein, nur normal!
Sind Fleisch UND auch Fisch!
Viel-Mehr-Dimensional!

Ich bin wie Du – aber Ich!

Evolution

Es war einmal ein Affentier, das saß auf einem Ast.
Aß fröhlich der Bananen vier, war satt und ohne Last.
Es dacht' an keinen üblen Kram und freute sich des Lebens –
bis ihm die Erkenntnis kam: "Ich sitz hier ganz vergebens!

Wonach steht mir wohl der Sinn? Was tun mit all der Zeit?
Ich baue mir ein Häuschen hin, das einz'ge weit und breit!
Den Baum, den hau ich dafür um, dann hab ich Holz so viel ich brauch,
da mach ich kein Brimborium!" Dacht es, sprach's & tat's dann auch.

Damals war das nicht so arg, es gab der Affen kaum.
Heute werden Bäume karg, für Häuser braucht's den Raum!
Denn viele Affen sind es nun. Seltsame obendrein,
die sich beim Denken oft vertun: Maulaffen halten's feil!

Egal: wäre das alles, ging's ihnen trotzdem gut.
Doch holt sie oft der Dalles und obendrein die Wut,
hat *der* mehr als sie selber! Das macht sie furios,
Maulaffen zu Mondkälbern – und dann schlagen sie los:

Mit Schwertern und Kanonen, geführt vom Feldherrnstab,
schließlich soll's sich lohnen: "Fürs Vaterland" – ins Grab!
Dem Einen geht's ums teure Öl, dem Andern um "Befreiung".
Befreit sind nur vom Leben viel - "So wollt ich's nicht, Verzeihung!"

Der "Homo" ist ein böser Aff, der wütet und zerstört.
Als höchstes Ziel gilt ihm der Raff! Und mancher wird betört:
"Es ist doch nur zu eurem Besten, Frieden, Schutz und Wohl!"
Noch immer ist nix neu im Westen: Kanone: voll, die Birne: hohl...

Und gibt's auch Affen, die verstehen, sie sterben wohl bald aus…
Wie mag das Lied zu Ende gehen? Wenn ich dran denk - oh Graus!
Wir gehen nieder: Schuss um Schuss verlassen wir die Welt,
in der als „Krönung", ganz zum Schluss, die letzte Bombe fällt!

Dann war der Mensch und ist nicht mehr, der Homo ist verschwunden.
Und alles wird so wie vorher (mit ein paar kleinen Wunden).
Ein Kapitel war er nur, ein lautes, aber kleines,
im großen Buche der Natur - und keine Sau beweint es!

Kreationismus

Es saß einmal vor langer Zeit Herr Gott auf seinem Thron.
Dort weilte Er in Ewigkeit. Er sagte keinen Ton
und dachte auch nicht, was zu sagen. Wem auch? Keiner da,
dem Er sein nicht vorhandnes Leid konnt klagen, weil allein Er war!

"Was mach ich nur? Was tu ich hier, allein, ganz ohne Zeit?
Ich bau ein Universum mir, das einz'ge weit und breit!
Nur ist es dazu viel zu düster, man sieht das Chaos nicht!
So zünd denn an den großen Lüster!" – Und siehe: es ward Licht!

Danach schuf Er in nur fünf Tagen Sonne, Mond und Erde,
den Großen und den Kleinen Wagen, Wälder und auch Pferde.
Am sechsten Tag sprach er entzückt: "Nein, besser geht es nicht!
Nur fehlt ein Mensch zu meinem Glück, der auch mal mit mir spricht!"

So schuf Er aus nem Klümpchen Lehm den Adam. "So ist's recht!
Na, ist das Leben Dir bequem?" – "Ne Frau wär jetzt nicht schlecht,
ein scharfes Weib mit richtig Feuer, wenn's geht, keine Xanthippe!"
Gott sprach: "OK, das wird nicht teuer; kost' Dich nur eine Rippe!"

Doch kosten sollt' sie reichlich mehr, was Adam recht bald spürte,
als Eva, zu beider Malheur, ihn recht flugs verführte
mit der Erkenntnisbaumesfrucht, Tabu in Gottes Haus –
Da rief der Schöpfer: "Ei verflucht!" und schmiss die beiden raus!

Doch der Mensch, der ließ nicht locker und baute einen Turm.
Der stieß den Herrn vom goldnen Hocker! Drum schickte Er nen Sturm
der Menschen Sprache zu verwirrn, auch Flut und Feuersbrunst –
doch ließ der Mensch sich nicht beirrn, und alles war umsonst!

Und als der Herr nen Sohn geschickt, da bracht' der Mensch ihn um!
Der Schöpfer sprach: "Ihr seid verrückt!" und blieb seit damals stumm...
Seither vernichtet, Schuss um Schuss, der Mensch die schöne Welt,
in der als „Krönung", ganz zum Schluss, die letzte Bombe fällt!

Dann ist er weg, der Mensch, der böse, das Nichts auf Gottes Waage.
Und alles wird, wie's einst gewesen, vor dem sechsten Tage!
Ein Kapitel war er, und man suche, denn es war ein kleines,
in Gottes riesengroßem Buche – und keine Sau beweint es!

Gedanken einer Leiche

Ich frage mich: Wie fühlt sich's an, wenn eines Tags, in kalter Nacht,
ein Mensch final das Aug zu macht und morgens, nicht mehr wach,
erwacht, als starrer, steifer, toter Mann?
Geht das so von jetzt auf gleich? Ist man, seinen Geist aufgebend,
brettschwer liegend oder schwebend? Seinen eignen Tod erlebend?
Wie mag das so sein, als Leich?

"Dahingeschieden?
Lebendig, inwendig!
Erkennt mich, hier drüben!

Vorhang, kaum existent,
trennt Dich und mich, blockiert die Sicht,
ist dünn, doch dicht und eminent!

Will erklären,
doch ohne Hirn hinter keiner Stirn
kann's nur verwirrn, mich, Dich, verstören!

Denke? Fühle!
Nicht im Herz, nicht den Schmerz -
ist ausgemerzt aus meiner Seele!

Bin Ewigkeit
und ohne Orte, ohne Worte,
eine Sorte von Freiheit

Alle Sorgen
weggehangen, unbefangen,
Zwang vergangen ohne Morgen!"

...Morgen...

Morgen! - Aufgeschreckt! Verloren im Gedankenschaum -
War denn alles nur ein Traum? Ist vielleicht alles ein Traum,
den der Schöpfer ausgeheckt?
Ich frage mich: Wie fühlt sich's an, wenn eines Tags, in kalter Nacht,
ein Mensch final das Aug zumacht und morgens, nicht mehr wach,
erwacht, aus solch merkwürdigem Traum? Was dann?

Klassentreffen

Heute ist, wie jedes Jahr, auf der geräumigen Terrasse
im Haus von Willibald von Sasse Treffen der Schulabschlussklasse,
die einst dreißig Mann stark war.

Doch obwohl ganz bajuwarisch und gestandne Schafkopfbrüder
(sangen manche derben Lieder!) sah die Hälfte man nie wieder -
denn sie waren nicht ganz arisch!

Und die andern, die verblieben, mussten für des Führers Sieg
ans Gewehr und in den Krieg. Viele kamen nicht zurück,
und so blieben grad noch sieben!

Dreie warn so schwer lädiert, arg gezeichnet und versehrt,
von Gefangenschaft verzehrt, ihr Körper allzu kraftentleert,
die Truppe weiter dezimiert.

Weshalb von der alten Klasse sechsundzwanzig schon im Grunde
lagen, von der alten Stunde, und nur eine Schafkopfrunde
sich noch traf auf der Terrasse!

Doch die Zeit, die macht nicht halt, wirft dich raus in voller Fahrt,
schreitet unverhofft zur Tat: aus dem Schafkopf wurde Skat -
der vierte Mann wurd' auch nicht alt!

Dann, wie sollt es anders sein, war es bald mit Skat vorbei,
aus drei Freunden wurden zwei, und seit Mai Zweitausenddrei
sitzt Willibald wie heut: allein.

Randnotiz

Man fand Herrn Heinrich Borgen
am frühen Mittwochmorgen
auf einer Bank im Hafen.
Dort lag er unter Decken,
und keiner konnt ihn wecken
(nicht dass es wer versuchte) –
der nicht entfernt Betuchte
war in der Nacht entschlafen.

Es weiß nur keine Sau,
in welcher Nacht genau
der Ärmste nun verschieden:
er lag schon öfter länger
und roch schon immer strenger
(er kam halt nicht zum Baden) –
da haben selbst die Maden
den Heinrich streng gemieden!

So lag er ungebissen.
Wer wird ihn wohl vermissen?
Kein einziger, wahrscheinlich,
er steht auf Niemands Liste.
In einer Fichtenkiste
wird man ihn jetzt versenken
und nicht mehr an ihn denken –

ist das nicht furchtbar peinlich?

Nachruf auf einen Helden

Karl Miller, der war ein Gefreiter,
vom Leben im Kriege befreiter
Soldat im irakischen Lande.
M-16, so hieß seine Braut.
Ihr hat er wie keiner vertraut –
nun liegen sie beide im Sande.

Es falten die Waffenkumpane
zuhause bedächtig die Fahne
und legen die Orden ins Futter.
Dann trägt man mit großem Geballer
Karl Miller ins Helden-Walhalla,
die Fahne und Orden zur Mutter.

Sie singen ihm Ruhmesgesänge,
lobpreisen in Breite und Länge:
„Man sollte Paraden ihm geben!"
Der Mutter jedoch klingt's wie Hohn.
Sie weint nur und ruft: „Lieber Sohn,
wärst Du doch kein Held – nur am Leben!"

Zukunftsvision

Weizen in Grönland, Kakao in Berlin,
Wüste in Spanien und Datteln in Wien,
Sylt abgesoffen und Holland gleich mit.
Die Welt ist betroffen und glaubt es fast nit!

Die Groß-Kompetenzen versprachen in Lima:
"Die Wetterspirenzen und's komische Klima
sind alle natürlich und nur halb so wild.
Der Mensch hat das Klima bestimmt nicht gekillt,
dafür ist der Homo nun wirklich zu winzig!"
Nun grübelt man drüber, am Meerstrand in Sinzig!

Die Eskimos werden so braun wie die Neger,
die Südafrikaner dafür sehr viel träger,
weil es im Schatten noch sechzig Grad hat –
wenn Schatten da wäre! Da wär jeder platt...

Doch schon nimmt's mit Frankfurter Kokos ein Ende:
Der Golfstrom versiegt, und die Klimawende
lässt alle die hessischen Palmen erfrieren –
die Eiszeit ist da! Und man darf gratulieren
zu dieser Menschenerrungenschaft,
jetzt hat der Mensch es letztendlich geschafft:

Er liegt nun als ewig fossiler Greis
im ewigen nordhemisphärischen Eis,
fast wie ein Mammut, nur halt etwas kleiner...
Und wer weint um ihn? Ganz genau: keiner!

meinungsverschiedenheit

wege   setzen
die im kreis   uns zwischen
ins nichts führen   einen klapprigen
informationsschienen   stuhl und sacken nur
ohne weichen nur ins   ein denn unser rück-
irgendwo   grat hat
ganz vage   grad ein
ziellos   anderer

                     und
                     wo bin
                     ich?

Ode an den Tripelpunkt des Lebens

Dipolarer Brückenbinder,
Monopol als Lebenserfinder,
eingesperrt in winzige Zellen.
Schwimmst Dich frei in tosenden Wellen,
Vasen füllend, Damm überspringend,
tief und still den Blauwalen singend,
Fische tragend, Menschen ertränkend –
trinke Tee, Deiner gedenkend!

Bade Dich, wohl in Dir schwelgend.
Entziehe Dich, Bäume verwelkend.
Koche Dich zu Kumuluswolken,
will Dich in den Himmel verfolgen,
dort die Atmosphäre zu segnen,
dann auf mich hernieder zu regnen,
mich von Kopf bis Fuß begießend,
in Dir stehend, mit Dir fließend!

Will Deinen Gleichmut mir zu eigen
machen, in chaotischem Reigen,
um mich mit Deinen Mächten zu taufen,
auf Deinen Balken Schlittschuh zu laufen,
Lebens Durst mit Dir zu stillen,
Dich in meine Adern zu füllen,
denn Du bist der Erde Blut –

H_2O: ich find Dich gut!

Eau-de!

Du bist da zu jeder Stunde, überall präsent,
und wahrlich auch in aller Munde. Doch, wie man Dich nennt,
mit welchem Wort man Dich begrenzt, es ist nur Schall und Rauch:
Das Wort umkleidet die Essenz mit grauem Nebelhauch,
der Dein Wesen überdeckt und nur banalisiert,
Deine Macht vor uns versteckt, in Sprache sich verliert.

Was bleibt, ist Dein Mysterium, das lebt, in jeder Zell;
tränkst Mensch und auch Bakterium, Du Quelle jedes Quell!
Definierst den blau'n Planeten, ohne Dich nur gräulich braun,
nach Leben dürstend und in Nöten kärglich anzuschaun!
Bist Nahrung und auch Lebensraum, der Reinheit Epitom,
das Badesalz im Raumzeitschaum, das Bett im Lebensstrom!

Bist vielfältig wie unsre Seele: Bist Nemo und Cousteau,
nachtschwarze Diamantenhöhle, Wal und Wasserfloh.
Doch, fängt Dein Bett mal an zu beben, hebst Du Deine starke Hand
und vernichtest tausend Leben als Tsunami-Wasserwand!
Dann zeigst Du Deine andren Seiten - nasse Todesschwinge;
man sollte niemals mit Dir streiten, bist das Maß der Dinge!

Dein Spiegel definiert Niveau, das ohne Eau nur Niv.
Trotz Allem jagt man Dich durchs Klo - "Man" ist halt primitiv!
So wirst Du Tag für Tag benutzt, vergiftet, zugemüllt;
wirst von uns rücksichtslos verschmutzt und achtlos weggespült!
Im Bad der Zivilisation fließt Du zum Abfluss raus:
"Nach mir die Kanalisation!" – die Enkel badens aus...

Drum wünsch ich, Landei, trocknen Fußes: Der Regatta Ziel
sei das Motto meines Grußes: halt Wasser unterm Kiel!

Affenstark!

Mit und über den Optimismus

Ein Dichter bei der Arbeit

"Hallöchen! Na, wie geht's? Das Übliche?"

Ich lächle und nicke. Mehr braucht's nicht, denn man kennt mich hier.
Ich begebe mich also zu meinem Stammplatz auf der nach
altmodischer Art gepolsterten Bank in der Ecke, von der ich einen
exzellenten Überblick über die Leute hier im Café habe. Ich setze mich
und packe mein Werkzeug aus: Schreibblock, Kugelschreiber... Aber
irgendetwas fehlt noch – ah, da kommt es ja: mein Weizen! Kein Füller
schreibt ohne Tinte, und das Tintenfässchen in meinem Kopf ist
bedenklich leer!
Ich schreibe nie, ohne zu Trinken. Ich halte das auch gar nicht für
verwerflich, denn ich trinke zum Zwecke der Kunst und der Befreiung
des Geistes - nicht zu seiner Versklavung unter der Geißel des
alltäglichen Frustes! Übrigens sind Cola, Fast-Food und das, was sich
heutzutage "Fernsehprogramm" schimpft, viel ungesünder. Ein
deutsches Bier ist da viel gehaltvoller - und sauber! Seit 1516! Gut, die
Sache hat einen Haken: So ein Glas ist meistens schneller leer
getrunken, als ein Blatt voll geschrieben ist. Leider... Sei's drum. Mal
sehen, was es heute wird:
"Um Gedanken zu verdichten, rote Fäden zu verbinden,
Alltags Wirrnisse zu lichten, ihr Geflecht so zu ergründen..."
Hmm. Klingt schon ganz annehmbar. Ein Schlückchen zwischendurch...
"...kurz: um Einblick zu gewinnen ins verrückte Alltagstreiben
und es nüchtern zu besinnen, darf man nicht zu nüchtern bleiben,..."
Hi, hi! Das ist gut! "Möchten's noch eins?" - "Ja, danke!" Wo war ich
denn stehengeblieben? Ach ja:
"...weil es sonst zu trocken klingt! Weil es sonst die Stirn nicht runzelt,
wenn die Häme nicht recht schwingt - Humor ist, wenn man trotzdem
schmunzelt!
's Leben ist doch hart genug, wenn man's nüchtern mal betracht'.
Drum ist's doch nur Recht und Fug, wenn beschwipst man drüber lacht!"
Meine Trink-und-Schreibe-Neigung kommt nun in die rechte Stimmung!
Satyrflügel sind in Trimmung, für die lyrische Erklimmung und erneute
Erstbesteigung jener grauen Alltagsgipfel. Rauchen wird nicht
eingestellt, heb nicht ab von dieser Welt, sondern schweb, weil's mir
gefällt, bodennah durch kahle Wipfel diesseits der Lebensbaumgrenze!
Will die Disteln und die Wicken, die den Alltag dort bestücken, aus dem
Unterholz entrücken mit geschärfter Dichtersense! Schneid sie ab und
fermentier's zum satirisch Zeitvertreiben und zum In-die-Nase-reiben,
dass die Disteln stichig bleiben und 's Gedicht nicht trocken. - Cheers!
– Mist, schon wieder leer! Fräulein...

Da werde ich zum Tier!

Der Mensch schreit voller Arroganz:
"Du Schwein, du Schaf, du dumme Gans,
Du Rindvieh - Ochse oder Kuh!"
Doch wer nachdenkt, gibt wohl zu,
dass das so zumeist nicht stimmt;
dass, wenn man's präzise nimmt,
die Viecher gar nicht dumm, im Gegen-
teil gescheit sind, überlegen:

Ist dein Leben bleiern schwer, siehst du keinen Gipfel mehr,
läufst du statt Galopp nur Trab, geht's nie nach oben, nur bergab,
lern vom Käfer, lern es lieben:
bergab brauchst' den Mist nicht schieben!

Hat jeder Apfel einen Wurm, wird jedes Lüftchen gleich zum Sturm,
jeder Regen gleich zum Guss, jedes "Kann" sofort zum "Muss",
mach's wie der Spatz im Regentrauf:
schüttel dich und pfeife drauf!

Fühlst Du im alltäglich Leben dich von Affen nur umgeben,
lerne einfach von der Laus: such dir einen Affen aus,
mach's dir bequem und frage dich
ganz ernsthaft: "Ach, was juckt es mich?"

Will das Chaos bei dir schwelgen, ist es dir zum Mäuse melken
und zum Dauerwelle raufen, will grad gar nichts bei dir laufen,
halt es wie der Hengst im Ställchen:
sticht dich der Hafer, hast du welchen!

Ist das Leben tierisch hart,
dann nimm es auch auf tierisch' Art
und zerreiß dir nicht das Maul,
mach es wie im Stall der Gaul!
Wer voll menschlicher Arroganz
darüber lächelt, ist ne Gans,
ein Rindvieh (Ochse oder Kuh) –
und ein dummes Schaf dazu!

Selbstportrait

Mein Haus ist groß und schön ist's auch, mit festem Fundament,
mit Wänden zart wie Rosenhauch und beinhart wie Zement!
Viele Fenster sind darin, und doch schaut keiner rein:
der Blick durch meine Jalousien ist nur nach draußen frei!

Hin und wieder spitzelt wer nach drinnen, voller Staunen,
und erahnt 's Interieur, das ganz nach meinen Launen:
Viele Bilder hängen da, gerade oder schief,
mal surreal und mal Da-Da, und meist recht subjektiv!

Manche hängen nur als Skizze, andre bunt und keck.
Doch dort, wo ich am liebsten sitze, hängt nur noch ein Fleck...
Es war ein Bild voll Kraft und Flair, ich weiß es noch genau,
doch ist's nun leider nimmer mehr - die Wand zeigt Weiß auf Grau!

Manchmal liegt vor meiner Tür ein Eisen, heiß wie Glut –
das nehm ich an mit viel Pläsier, wenn ich in Bügelwut!
Das stinkt zwar kräftig in der Nase, doch nehm ich's in Kauf,
genau wie an der Hand die Blase – ich puste einfach drauf!

In einer Villa leb ich hier, mit Wänden wie aus Eisen,
die so dünn sind wie Papier und doch nicht einzureißen!
Die Tür, die hab ich aufgemacht und's Schloss herausgenommen.
Nun warte ich, dass sich wer wagt, einfach hereinzukommen!

Der doofe Amor

Nun bin ich wieder mal allein.
Das allein wär halb so wild,
doch bin ich einsam obendrein,
wo zweisam sein doch ist, was gilt!

Die Flügel toter Schmetterlinge,
liegen blind im Magen.
Nichts kann sie zum Leben bringen,
werden nicht mehr schlagen.

Doch bin ich ein Optimist,
heg Hoffnung, wenn auch leise:
statt toter Schmetterling Mist
nähm ich auch 'ne Ameise!

Die kribbelt auch - und das nicht wenig!
Ameisen gibt es zudem in Fülle!
Unter den Blinden ist Einauge König
und Kaiser gar mit einer Brille!

Nun zähl' ich ja nicht zu den Blinden!
Brauche mich auch nicht zu ducken;
ich werd doch wohl die richt'ge finden,
ich muss bloß richtig gucken!

Kuckuck! Wie, so geht's auch Dir?
Na siehst Du wohl: so geht es vielen!
Da können wir doch gar nichts für:
Der doofe Amor kann nicht zielen!

Das Grauen schleicht sich ein!

Ich sterb aus. Ganz sicher weiß ich's,
denn ich bin seit fünfunddreißig
Jahrn der letzte meiner Art!
Auch hab ich so ungefähr
drei graue Haar in meinem Bart -
sicher werden 's bald schon mehr...

Manche Freunde, eng wie Brüder,
gehen viel zu frühe wieder,
andre gehen später weg.
Diese grauen Freunde werden
ewig bleiben. Und, oh Schreck:
ganz bestimmt sind es bald Herden,

denn die Silberstoppeln mein
laden Kumpels zu sich ein,
die dann - ungefragt - verbleiben!
Auch wenn ich sie abrasiere,
kann ich sie nie mehr vertreiben,
die drei. Ach nee: jetzt sind's schon viere...

Die Kollegen auf der Stirn
sind noch farbecht. Doch das Hirn
hebt zum Zweifel schon die Brauen:
Werden die wohl farbig reifen,
oder doch vor dem Ergrauen
ihre Chance zur Flucht ergreifen?

Ach, was soll's: so ist es eben!
Ich kann auch mit Grauen leben,
weil ich selbst nicht gräulich bin!
Nur der Inhalt ist der Wert:
Besser, es kommt dichter Sinn
durch blassen Bart, als umgekehrt!

Wird der Pony auch bald licht:
die Gedanken bleiben dicht!
Als erstes, letztes Exemplar
ist es mir darum nicht bang:
ich sterb aus, so viel ist klar —
doch das, so hoff ich, noch recht lang!

Relaxte Gedanken zum 3. Advent 2006

Ich sitze hier mit viel Behagen
auf der Couch und lausche Liszt.
Habe Urlaub seit vier Tagen:
wie wunderbar schön
und wie angenehm
doch so ein bisschen Ruhe ist!

Es ist gemütlich und schön warm
auf der Couch. In meinem Arm
hab ich Keine. Nur ein Buch
auf meinem Schoß.
Nun sagt nicht: „Ach, bloß!" -
für heute ist mir das genuch....

Vor mir flackert Kerzenlicht.
Die Nase tröpfelt vor sich hin –
letzte Woche tat sie's nicht!
Sie ist halt gewieft:
erst jetzt wird geschnieft,
weil ich erst jetzt im Urlaub bin!

Soll ich morgen etwas schreiben?
Rausgehen? Zuhause bleiben?
Ach, vielleicht tu ich ja beides!
Leg 's Kissen ins Kreuz,
lächle und schnäuz -
bin auf mich selber voll des Neides!

So sitze ich im Kerzenschein,
entspannt. Verbannt sind meine Sorgen
in ein Gläschen roten Wein.
Ge-nieß meine Zeit,
„Hatschi!" – „Gesundheit! "-
Na ja. Vielleicht kommt die ja morgen...

Affentheater!

Absurdes und Humorvolles

Danksagung an meinen besten Freund

In dieser Zeit der Egoisten
und Einzelkämpfernaturisten,
in der so mancher isoliert
und ich-bezogen vegetiert,
bist Du – obwohl so hundsgewöhnlich,
dass Du schon wieder ungewöhnlich –
mein treuster Freund zu jeder Zeit.

Wenn ich mit Dir allein zu zweit
den Abend im Cafe verbringe
und den Verstand zur Ruhe zwinge,
bist Du der, der mich reden lässt.
Hältst meine Spötteleien fest,
jede Zeile, jede Stroph',
als Dichter, Denker, Philosoph.

Bist außerdem auch mein Student,
der alle meine Lehren kennt,
bei Problemen flugs zur Hand,
als Beichtstuhl und Protokollant,
der tief in meine Seele blickt.
Bist, wenn geknickt, doch nie geknickt!
Teilst meine Sorgen, meine Nöte.

Teilst Kummers Blässe, Schames Röte,
Freude, Spott und Heiterkeit
voll heiterer Gelassenheit.
Drum kann ich es bei Dir nur wagen,
Dir allein kann ich es sagen,
denn Du lächelst jedem Schock,
mein treuster Freund:
Notizenblock!

Verzappt (Heinz und Gudrun)

G: Na Schatz, was machen wir heute Abend?

H: Hmmm... Weiß nicht... [zuckt die Schulter] Machen wir denn was?

G: Na ja, wir könnte zum Beispiel... ins Kino!

H: [leicht angewidert] Ooch nee... keine Lust auf Clooney...
[hoffend] Lecker Essen vielleicht?

G: [vorwurfsvoll] Du bist doch auf Diät!

H: [wortlos] 💩

G: [hoffend] Dann vielleicht... Tanzen gehen? *zwinker*

H: [vorwurfsvoll] Gudrun! Du weißt doch: mein Knie...

G: [seufzt] Ja ja, ich weiß... [vor sich hin] ...nicht nur das Knie...
[resignierend] Dann halt die Couch. Läuft denn wenigstens was Gescheites?
[verträumt] Ein alter Spielfilm vielleicht?

H: [verträumt] Au ja, Hitchcock! James Bond!!

G: [wortlos] 💩☠💀🔪 F1 !

H: [blättert im TV-Heft] Hmmm... Nanu? Was ist das denn: "Kampf um den Nordpol"? Mal sehn...
[drückt die Fernbedienung] Uiiii....! Russische Bomber über England? Britische Abfangjäger?
[überlegt] Muss Oktober '62 spielen...
Hei, das war was! Hätten uns beinahe gleich alle in den Orbit gejagt, statt nur den Gagarin! Pah! Von wegen "Kalter" Krieg – heiß war's!
Weißt Du noch, wie damals der Chruschtschow bei der UNO mit dem Schuh auf den Tisch...? [klopft sich den Schenkel] Ha! Bei DEN Friedensverhandlungen danach ist garantiert keiner unter 10 Wodka aus dem Sitzungssaal!
[äfft Chruschtschow nach] "Abber ich habbe dickere Rrrraketen!" - Hi hi! Pubertäres Gehabe!
Da, guck doch nur mal: Boah, was für ein Kaliber! "Der Vater aller Bomben", was? Ganz schön dicker Papa!
[schüttelt ungläubig den Kopf] Ist doch wirklich wie im Kinderga...
[stockt plötzlich]

G: Heinz, was ist? Was hast Du denn?

H: [blass] Scheiße! Das sind ja die "Tagesthemen"...

Gespräch zweier Zeitalter

Es sprach die Kreide zum Tertiär: "Wenn es noch wie früher wär,
das wär doch phänomenal! Sahst Du neulich diesen Wal,
vor höchstens 110 Millionen Jahren – oder warn's Äonen?
Mann, der hatte Zähne, was? Sag zu dem mal "Hasso, fass!",
der beißt nen halben Gletscher weg!" – Und die Kreide lacht sich jeck!

"Leider nicht. Nur circa viere säbelzahn'e Murmeltiere..."

"Und den Brocken aus dem All? Gestern, glaub ich? Was en Knall!
Ui, wie da die Dinos staunten und die Ammoniten raunten!"

"Leider nicht. Nur drei von sieben Kakerlaken die verblieben..."

"Armer T-Rex. Mann-o-Mann: mit *dem* legt sich keiner an!
Nur der Brocken schaffte ihn, und die Brontos – alle hin!"

"Die sah ich leider nie. Nur heute eine kleine Mammut-Meute...
Ach, was hast Du schon erlebt!
Ich bin schon froh, wenn's hier mal bebt,
oder ein Vulkan groß spuckt!
Moment: ich glaub, dass mich was juckt..."

"Liegt was neues Dir im Staube?
Erzähle!"

"Ach iwo! Ich glaube, das ist nicht der Rede wert:
mich hat nur ein "Mensch" beehrt –
siehst Du, ist auch schon vorbei: Ausgestorben. Ei ei ei..."
Na, wo war'n wir stehn geblieben?
Ach, ganz recht: bei diesen lieben Brontosauropodenriesen –
Los: erzähl mir mehr von diesen!"

Was wird von uns übrig bleiben?
Nicht genug zum Zeit vertreiben!

Volkslied - Remix
(Hommage an Ringelnatz)

Wenn ich ein Fischlein wär,
mit Schuppen und mit Kiemen,
dann schwömme ich geschwind zu Dir.
Ich risse mich am Riemen,
würde nur Deine Schönheit rühmen –
verschwiege meine glatt dafür!

Hätte ich Schuppen bloß
und wär kein Fisch (welche Blamage!),
dann würd ich diese ganz schnell los,
und kaufte mir eine Garage!

Hätt ich nicht der Flossen zwei
(könnt ich nicht schreiben, nebenbei!),
und Schuppen auch gar keine,
schwämme ich zu dir ans Quai.
So jedoch bleibt es dabei:
Ich reiß am Riemen mich alleine,
kiemenlos, nicht schuppenfrei!

Reimlos XP - Systemabsturz

Hah teh teh peh ://
Gedicht Punkt deh eh /
minus Palindrom.
Mach 'n Punkt und Com:
Fünf Stunden, die reichen,
die Kilobits schleichen,
das Hirnmodem glüht..

Mein Server, der geht
schon offline und hängt.
Neuronenweb denkt:
"Was tu ich noch hier?
bin Code „Vier Null Vier" –
das Hirn nicht gefunden,
das LAN nicht verbunden!"

Ich bin nicht mehr munter,
fahr 'n Kopf jetzt herunter,
weil's anders nicht geht:
mein Grips braucht Update,
muss morgen neu starten...
Ich kann nicht mehr warten,
sonst bin ich verseucht!

Der Schlafvirus schleicht
sich schon in die Stirn...
Resette das Hirn,
will meine Neuronen,
die dahinter wohnen,
nicht unnütz verliern.
Ich deaktivier 'n
Hauptspeicher ins Bett -
schlaf gut, inter nett!

Ich will hier rein!

"Sicherheitskontrolle am Bundestag...."

Letztens wollt ich mal versuchen,
in den Bundestag zu kommen.
Stand am Gitter, laut am fluchen:
"Hey, Ihr Affen: will hier rein!"
Doch es sollte wohl nicht sein:
man hat mich zur Seit genommen

und durchsucht von Zeh bis Haar:
"Die Füße stehen auf dem Boden?
Alle beide? Ist nicht wahr!
So etwas ist hier verdächtig!"
Weshalb sie mich sehr bedächtig
weiterfilzten, Richtung Hoden...

"Ei der Daus! Cojones grandes?
Sie sind Revoluzzer, wie?
Bei den Herren unsres Landes
sehn wir niemals solche Eier!
Durchsucht diesen Krawallmeier -
bitte schön mit Akribie!

Oh, là là: ein scharfer Witz?
Heiße Eisen sind grad recht?
Ihre Zunge ist recht spitz,
und sie reißen gerne Possen?
Wie aus der Pistol geschossen
kommen Pointen? Das ist schlecht!

Werfen nie die Flint' ins Korn?
Ihr Verstand ist scharf und fein?
Dann sind Sie wohl nicht geborn
für die hohe Politik!
Sie sind viel zu scharf bestückt -
hier kommen SIE niemals rein!"

Mist. So bleibt es wohl beim Alten,
und die hohle Bundes-Lade
den Eierlosen vorbehalten.
Na, egal, ich hab's probiert,
und man hat mich abserviert -
Selber schuld! Und trotzdem: Schade!

39

Russland sucht sein Mütterchen

Na sdarowje, Genossen, Ihr russischen Bären!
Nach vorn wird geschossen: Ihr sollt uns gebären
(als Mann sollt Ihr zeugen) viel Kinder zum Beugen
ganz nach Putins Wille! Zerreißt Eure Gummis
bevor der Tag rum is, verbietet die Pille!

Für Putin zu poppen, den Latex zu meiden
(auch den mit den Noppen), so sollt Ihr bestreiten
den heutigen Tag! Wer's Nümmerchen mag,
soll's Mütterchen machen! Denn seid Ihr zu feige,
geht Russland zur Neige – Towarisch, lass krachen!

Die Arbeit legt nieder und auch Euer Weib!
Entreißt ihr das Mieder und nehmt ihren Leib!
Der Kreml befiehlt: wer heut richtig zielt,
wird Zweitausendacht mit Auto und Kohlen
und Ruhm bis nach Polen (und Wodka) bedacht!

Für Russland zu rammeln, lässt Rubel Euch klimpern.
Drum habt keinen Bammel statt schaffen zu pimpern,
ja heftigst zu vögeln! Nach russischen Regeln,
den Tag macht zur Nacht! Den Vladimir freut's,
kopulieren die Leuts – ihm sichert's die Macht!

Millionen getreuer echt russischer Knuts,
die bringen viel Steuer, tun Russland viel Gut's,
gehn nicht in die "EU", sind dem Kreml treu
und bleiben dabei! Volk, hör die Signale:
Zerstör die Spirale! Ins Bettchen, dawaj!

Du - ein etwas anderes Liebesgedicht

An meiner Billardkugel bist Du der Effet!
Bist die Kirsche in meinem "Shirley Tempel"!
Bei meinem Skat bist Du das Re
und der Äppelwoi in meinem Bembel!

Du bist die Kuh auf meiner Weide,
der Goldfisch in meinem Teich!
Du bist mein Pflaster, wenn ich leide!
Auch wenn ich arm bin, bin ich reich,
denn DEIN Goldpreis, der sinkt nie!
Bist eine todsichere Anlage!
Und geht die ganze Wall Street hie,
Du bleibst; für jetzt und alle Tage!

Du kitzelst mich zu trüber Stunde!
Du knabberst lustig mir am Ohr,
bestellst zum Scherz auch mal ne Runde;

Ich liebe Dich! - Du, mein Humor!

Ich glaub, mich laust der Affe!

Bus(c)htrommeln & das Gesetz des Dschungels

Kriminaltango der Rechtschreibreform

Die Pisa-Studie beweist:
der Deutsche schreibt gern frisch und frei,
und im Unterricht da speist
er Leipz'ger Bildungsallerlei!
Denn das Flussschifffahrtspatent,
da steht jeder auf dem Schlauch,
schreibt er, völlig ungehemmt,
mit drei "s" und mit drei "f" auch!

Grade warn wir noch Genies,
doch dann ging alles Hirn zum Deifel!
Wir lesen schlecht wie nie -
orthographiefrei, ohne Zweifel!
Den vollkommen letzten Rest
gibt uns die Rechtschreibereform:
ohne "h", mit "f" und Attest
wird die "Ortografie" zur Norm!

Nach l, n, r, das merke ja,
stehn nie "tz" und nie "ck"
und auch nach Doppellaut, mein Fratz,
sind diese beiden fehl am Platz!
Man trennt und fügt nicht nach Belieben:
"gar nicht" wird nie am Stück geschrieben
und niemals trennt man s von t,
denn das tut den beiden weh!

Du guckst wie die Kuh wenn's blitzt –
und heute blitzt es nach Belieben:
Was Du schwarz auf weiß besitzt,
ist garantiert auch falsch geschrieben!
Die Regeln scheinen wie Kompott
und vollkommen Pullalla:
den Yoghurt schreibt man jetzt mit "Jot"
und dafür gänzlich ohne "Hah"!

Das Portemonnaie, seit ehedem
mit doppel-n und a,i,e,
schreibt man heute ganz bequem
so wie man's spricht, o weh, o weh!

Mich laust das Reh, mein Hamster pfeift -
Man darf wohl attestiern:
wehr das Niwoh soh grüntlich shleift,
där kan auch wass davür!

Nach l, n, r, das merke ja,
stehn nie "tz" und nie "ck"
und auch nach Doppellaut, mein Fratz,
sind diese beiden fehl am Platz!
Man trennt und fügt nicht nach Belieben:
"gar nicht" wird nie am Stück geschrieben
und niemals trennt man s von t,
denn das tut den beiden weh!

Leider schreibt heute ein jeder
wie ihm 's Maul gewachsen ist,
als selbstständiger Vertreter
dieses Neurechtschreibungsmists!
Und ich fühl mich wie ein Dino,
denn ich schreib halt gerne so,
wie man's liest im Stummfilmkino
und im antiken Folio!

Doch die andern stört das wenig,
denn es ist nun mal notiert,
dass der Einäugige König
bei den Blinden ist, und führt!
Reform ums Reformieren Willen,
ist halt reiner Selbstbetrug -
die Sprache sollt nen Zweck erfüllen:
Verständnis wär genug!

Nach l, n, r, das merke ja,
stehn nie "tz" und nie "ck"
und auch nach Doppellaut, mein Fratz,
sind diese beiden fehl am Platz!
Man trennt und fügt nicht nach Belieben:
"gar nicht" wird nie am Stück geschrieben
und niemals trennt man s von t,
denn das tut den beiden weh!

Die Farbe des Geldes

Kleine gelbe Händchen bauen
kleine rote Rädchen
mit kleinen schwarzen Hüpchen,
für kleine weiße Mädchen
und kleine weiße Bübchen,
irgendwo.

Kleine gelbe Frauchen nähen
ringelblaue Söckchen
und zartrosa Blüschen
für geile weiße Böckchen
und ihrer Liebsten Büschen,
irgendwo.

Chinamann und –frau und -kind,
schaffen viel und willig,
denn sie müssen leben.
Und Leben ist, scheint's, billig:
der Chef braucht nichts zu geben,
dort.

Seine großen Hände schlagen
gelbe grün und blau,
wenn sie nicht schnell genügend
bei Mann, Kind oder Frau
und um Profit betrügend,
dort.

Egal wie ihre Farbe scheint:
die Kohle riecht neutral.
Es bleibt die Weste weiß,
Recht eher grau und fahl,
und der Verbraucher leis –
überall!

Der Moslemterrorist - Zwiegedächt

Der Weiße beäugt ihn bedächtig: Diese bräunlich dunkle Haut...
Irgendwie wirkt er verdächtig - ist auch schon so fies gebaut!
Er hat bestimmt was zu verhehlen! Diese buschig schwarzen Brauen
und die dunklen Augenhöhlen – aus denen spricht das wahre Grauen!

    Der Muslim denkt: Heidenei! Hängt mir ein Popel an der Nase?
    Hab ich statt zwei Augen drei, oder Zähne wie ein Hase?
    Irgendetwas muss es sein! Warum sollt er sonst so starren?
    Ich starr zurück, nur so zum Schein, will neugierig der Dinge harren!

Was geh ich auch durchs Moslemviertel! Ist der Kerl wirklich so dick?
Trägt er wohl einen Sprengstoffgürtel?! Ich geh lieber 'n Stück zurück.
Sprach der grade von Allah, oder hab ich mich verhört?
Ich bin sicher, es ist wahr! Wetten, dass er explodiert?

    Ach Du Schreck, was muss ich stinken! Zuviel Knoblauch, vielleicht?
    Was sollt er sonst nach hinten hinken? Auch ist er so sterbensbleich!
    Der arme Mann tut mir so leid – ach, und ich habe Rückenwind!
    Ich geh lieber mal zur Seite, mal sehn, ob er's besser find't!

Ich bin des Todes - er tut's wagen! Sieh, wie er gen Ost sich dreht,
um sein letzt Gebet zu sagen – meiner Treu, es ist zu spät!
Sicher fällt er auf die Knie und wird dann den Zünder drücken.
Dann sind er und ich gleich hie, dann fliegen wir davon - in Stücken!

    Sieh nur, wie der Ärmste schwankt, es muss ja wirklich furchtbar sein!
    Hab' ich denn so zugelangt? Am besten ist es, ich geh heim!
    Ein heißes Bad und Milchprodukte sollten doch neutralisieren,
    was zu viel ich heut schluckte, den Geruch ins Nichts verlieren.

Was tut er nun? Bin ich's nicht wert? Hat der Mut ihn jetzt verlassen?
Warum macht er plötzlich kehrt? Will er sein Testament verfassen?
So ein Feigling vor dem Herrn! Na, hat die Hos' nen braunen Streifen?
So Terroristen hab ich gern: erst groß beten und dann kneifen!

Der guckt ja, wie ein wilder Köter! Da lauf ich besser - wie ein Häschen!
Der schaut, als wollt er mir ans Leder – Gott, so ein sensibles Näschen!

Hui, wie er läuft, der Islamist, da geben seine Fersen Rauch!
Siehst Du, wer der Stärkre ist? - ohne Allah geht es auch!

Das Wort im Wandel...

Die Welt steht Kopf – nicht Kopf genug:
Sie denkt mit „Religion".
Sie übt sich gern in Selbstbetrug
und hofft auf Himmels Lohn,
indem sie Papst, Brahmin und den Imamen
in Gottes, Krishnas, Allahs Namen
folgt, als blinde, brave
Märtyrer oder Schafe!

Es schert sie kaum, was es bedeutet,
dieses kleine Wort,
das von den Kathedralen läutet
und von Kaabas Hort.
Heißt's „Augen, Ohren fest geschlossen",
„Kaafirs werden abgeschossen",
oder gar „Halt's Maul,
sonst kommst zurück als Gaul"?

Beinahe klingt's wie übler Hohn:
Wie anders sollt es sein,
als dass das Wörtchen „Religion"
stammt aus dem Latein?
Was auch die Kirchglocke läutete,
das Wort „relegere" bedeutete
(und wehe, einer lacht!):
„Bedenke" und „Gib Acht"!

Ein patentiertes Verfahren

Worte, die nach Taten schreien, Taten, die uns sprachlos machen.
Waffen, die den Frieden weihen, Freiheit, die mit Bombenkrachen
lautstark Waffenruhe ordert,
während Folter Menschenrechte und deren Einhaltung fordert.
Bald schon lügt auch der Gerechte, um die Wahrheit seiner Mächte
wohl zu schützen und zu pflegen –
und kein Mensch wehrt sich dagegen...

Bestechung ist der Dolch im Rücken und die Schmiere auf den Gleisen
derer, die zu ihr'm Entzücken, und um Weltarmut zu drücken,
First Class nach Somalia reisen,
wo sie dann bei Festbanketten schmatzend Hummer schnabulieren,
gegen Hunger fabulieren, um das arme Land zu retten
und – vielleicht – zu spekulieren,
ob das Öl vor Ort denn reiche, Frieden hier zu finanzieren,
Demokratie einzustreichen, und die neu gestellten Weichen
schwarzzahlig zu bilanzieren...
Ob die Freiheit, die ins Lande investiert und reingesteckt
nicht geklaut und eingesteckt wird, von der Somalibande –
dann wär man am Arsch geleckt!

Denn die Freiheit, sei bemerkt, haben wir höchstselbst erfunden
und ein jedes Freiheitswerk an Lizenzgebühr gebunden!
Lasst sie nur um Freiheit winseln:
Erst wenn unser Lizenzgeld sicher auf den Cayman-Inseln
liegt und guten Zins erhält, gibt es Frieden auf der Welt –
dann erst lohnt sich das Patent
auch für uns, am Happy End!

Hey, Big Spender!
In Gedenken an Birma im Mai 2008

Spendet für die Armen,
für die Taifungeopferten,
habt finanziell Erbarmen
mit Militärgroßkopferten
und deren Regime /-entern:
auch *deren* Schiffe kentern
im Sturm, wenn dieser stark genug!

Gebt, für CNNsen
und andre Fernsehsenderlein,
und schmiert damit die Grenzen,
dann lassen's den Arnett auch rein,
versorgen uns mit Bildern,
die das Gewissen mildern,
dank schöngeschnittnem Selbstbetrug.

Das Spenden ist ein Segen,
weil Kohle alles regeln kann:
man braucht sich nicht zu regen,
weil's Spenden Krisen bügeln kann,
auch die in unsrer Seele.
Obwohl – wenn, was sie quäle,
dieselbe man im Ernst befrug,

sie sicher sagte:

Denket an die Armen,
die Politikgeopferten.
Zeigt keinerlei Erbarmen
mit Militärgroßkopferten
und deren Regime /-entern:
auch *deren* Schiffe kentern
im Druck, wenn dieser stark genug!

Die Wirtschaftsweisen

Unsre Wirtschaft, sie soll leben,
denn sie nährt das deutsche Land.
Danach lasst uns alle streben,
mit der Börse in der Hand!
„Kauft, ihr Leute, wie die Narren, billiger wird's nie mehr sein,
denn wir müssen sparen, sparen – kauft, sonst geht die Wirtschaft ein!"

Was heißt: "Der Verdienst reicht nicht"?
Macht Euch da doch keine Sorgen!
Schiebt, wo nötig Doppelschicht –
Lohnerhöhung gibt's dann – morgen…
Schafft, ihr Leute, wie die Gipser, mehr Arbeit gibt's nie mehr wieder!
Seid nicht solche Freizeitknipser – schafft, sonst geht die Wirtschaft
nieder!

Gestern schon war morgen heute?
Seid keine Penibelein!
Spart Euch Zeit, Ihr lieben Leute,
dann wird morgen gestern sein!
Schafft, ihr Leute, wie die Maurer, minimiert unsre Verluste,
denn nie warn die Zeiten saurer – die Wirtschaft ist schon außer Puste!

Da wir grad beim Thema waren:
Sicher werdet Ihr 's verstehn,
auch wir müssen sparen, sparen –
Sorry, Leute, Ihr müsst gehn!
Geht, Ihr Leute, geht nach Hause. Nach der ganzen Plackerei
habt Ihr erst mal Arbeitspause – und Hartz-IV geht auch vorbei!

Heute ist schon Jahrestag!
Reich an Zeit und arm an Geld,
und ganz ohne Arbeitsplag',
sind sie nur noch Thekenheld.
„Spendet Euer letztes Hemd! Kauft, Ihr Leute, konsumiert,
weil Ihr sonst die Wirtschaft hemmt – denn wer heute spart, verliert!"

Darauf tönt es lachend wider:
"Danach lasst uns alle streben!
Kommt und trinkt mit mir, Ihr Brüder,
denn die Wirtschaft, die soll leben!
Sauft, Ihr Leute, wie die Narren, nüchterner wird's nie mehr sein!
Sollen andre sparen, sparen – sauft, sonst geht die Wirtschaft ein!"

Steuermann: Volldampf voraus!

Es steuert unser Steuerrecht in einen Strudel nei.
So manchem wird vom Trudeln schlecht, ist er nicht schwindelfrei!
Und wer vom Schwindel frei, muss schlicht voll in den Strudel laufen,
bis dass er bricht und sich erbricht - und kläglich drin ersaufen!

Der Steuermann lacht nur. Er säuft auf diesen armen Schlucker
nen Schampus, weil sein Schoner läuft - Er schont die Steuerducker,
die sich, wie er, vom Strudel weg und frei geschwindelt haben;
sie sonnen sich am Sonnendeck erschwindelten sich Gaben!

Wenn sich ein Schlucker ducken will und wird dabei erwischt,
dann holt man ihn ganz einfach Kiel und wirft ihn in die Gischt!
Auf diese Art, glaubt Steuer-Mann, macht er den Schoner leichter,
damit er schneller fahren kann - wird auch das Wasser seichter!

Das Dumme ist, dass all die Massen kielgeholter Reihen
den Schoner schwerer werden lassen, langsam obendrein!
Auch merkt der Mann am Steuer nicht, was ihn die Wartung kostet,
weil langsam ihm der Kiel wegbricht und auch der Rumpf schon rostet!

Dem Maschinist wird angst und bang: Der Motor läuft nicht rund!
Doch unerhört bleibt er schon lang. Er schreit sich einen Fusselmund:
„Die Schmiere geht mir schon zur Neige, böser Kolbenfresser droht!
Wer spielt hier die erste Geige? Welcher Depp lenkt denn das Boot?

Hat der sein Kapitänspatent bei Neckermann gemacht?"
Weshalb der Schoner auch am End auf eine Sandbank kracht...
Trotz Schmier-Geld steht er unter Feuer, ist ohne Rumpf und Kiel -
Die fuffzig Mann am Schonersteuer warn des Steuern halt zu viel!

Erleuchtung!

Peter war ne kleine Birne, keine große Leuchte halt.
Lief mit vierzig Watt im Hirne, strahlte meistens bläulich kalt.
Lange träumte er davon, samstagabends, nur einmal,
Flutlicht in nem Stadion zu sein, mit tausend Watt im Strahl!

Plötzlich hörte Peter Stimmen: "Peter, Peter, merkst Du nicht,
dass die dich absichtlich dimmen, zu nem düstren Schummerlicht?
Denn so bleibst Du schön im Dunkeln! EnBW und Yello Strom,
E-On auch, so hört ich munkeln, sind des Teufels Epitom!

Mein Saft kommt direkt von Gott und ist deshalb hell und gut –
Strom vom Westen ist bigott und des Satans Schlangenbrut!"
Oh, wie Peters Draht erglühte, feurig heiß und blutig rot!
Peter sprach: "Du gute Güte, diese Teufel glüh ich tot!

Doch sprich, wie kann ich's erreichen? Sag, wie mach ich armes Licht
aus den Teufeln kalte Leichen? Dafür reicht mein Glühdraht nicht!"
Und das Kraftwerk sprach inbrünstig: "Ich hab hier ein Elixier,
tödlich, und auch durchaus günstig: trink es aus – und explodier!"

"Dann bin ich doch selbst zerstört! Was wird dann mit mir geschehn?"
- "Wirst im Jenseits unversehrt von zweiundsiebzig hübschen Feen
von Kopf bis Fuß – und so – betört, als Märtyrer, auf Wolke zehn!"
Und als Peter dieses hört, strahlt er wahrlich halogen!

Doch egal, wie hell er strahlte, er war Zwielichts fette Beute:
wer für diesen Strom bezahlte, waren unschuldige Leute!
Peter war halt nicht sehr helle und vom falschen Strom geblendet,
weshalb hier, auf alle Fälle, dies Gedicht wohl düster endet!

Anmerkung:
Mancher sucht, Zeit seines Lebens,
gleich, wie sehr er sich bemüht,
die Erleuchtung wohl vergebens -
wenn man's mal bei Licht besieht...

Extrablatt!

Newsflash, Newsflash! Katastrophe:
Präsi Köhlers Kammerzofe
war im Playboy, splitterbloß!
Und in Schumis Bergpalais
war das Klo verstopft, oh weh!
(zum Glück hat er sechs Gästeklos...)

Übrigens gab's außerdem
- nicht doch, wie unangenehm -
in Bagdad wieder fünfzig Leichen.
Hat doch Montag erst gekracht?!
Setz es halt auf Seite Acht,
als Randnotiz, das sollte reichen…

Raketen flogen auf Sidon?
Hatten wir doch gestern schon,
so was juckt heute kein Schwein...
Gibt's nix Neues zu berichten?
Müssen wir uns was erdichten?
Sollt aber ein Kracher sein!

Behauptete nicht ein Idiot,
Delfine seien doof wie Brot?
Das sind doch die rechten Zoten:
Setz es gleich auf Seite Zwei,
Flipper haut den Kerl zu Brei -
solche Stories bringen Quoten!

Jedes Journalisten Qual:
Tod und Terror sind normal,
reißen kaum noch wen vom Hocker...
Heute sind es Kofferbomben,
morgen ist's C-4 in Plomben –
Alltag, und kein Hitchcock-Schocker!

Stumpfen ab, ganz unbeachtet,
weil wir einfach überfrachtet
sind, kaum mit der Wimper zucken,
wenn ein Depp halt explodiert
in nahöstlichem Geviert -
warum sollte man's da drucken?

Lesen bildet... Stresspusteln!

5 o'clock, es ruft der Tee mich zur Vesper-Jamboree,
mit frischem Roggenbrot und Quark mit Kräutern aus dem
Supermarkt,
dazu Teewurst, Margarine und zum Lesen Magazine,
oder die Ingredienze dessen, was ich mir kredenze:

Und so les ich: "Glutamat und ein Zuckersurrogat,
Cysteinhydrochlorid, 20 p.p.m. Nitrit,
Stearyltartrat und Salz, Hopfen, Wasser (Gott erhalt's!),
Carrageen, Octylgallat, Dimethyldicarbonat.

Auch diverse Bienenwachse als Trennmittel und Prophylaxe
gegen die Inkontinenz und Creutzfeld-Jakobsche Demenz!
Rote Beete, Carotin, Emulgator Lecithin,
außerdem...(die Nase rümpf) Spuren E 605,

Lindan, DDT, Asbest, Dioxin und Schweinepest,
sowie echte Rinderfürze für die hausgemachte Würze...
Auch die Augen isst man mit, Anabolikum macht fit,
außerdem noch resistent und die Teewurst konsistent.

Herbizide im Darjeeling, (trocken taugt er auch als Peeling!)
und das Brot bleibt schimmelfrei bis August 3003."
Na, Prost Mahlzeit, sag ich nur! Statt der Teewurst-Inventur
lese ich zur Margarine nächstens wieder Magazine...

Mahlzeit!
(das große Arschloch)

Wer zuhause kocht, hat's schwer,
denn die Qual der Wahl quält sehr,
wenn zu Wahl nur Gifte stehn –
will man's Mahl bei Licht besehn:

Steaks, im eignen Saft gebettet, grade noch vorm Müll gerettet
und schon halber kompostiert, Rinderlenden, mariniert
in der eignen grünen Soße! Lammfleisch glänzt im grauen Lack,
Maden kriechen durch das Hack. TÜV-geprüft auf Brucellose
brutzelt es bald scharf und munter, tropft vom Dönerspieß
herunter –
vom Cacık nicht zu unterscheiden!

Veganer wären zu beneiden – wären nicht auch Hirse, Reis,
Sojawürstchen, Tofu, Mais gen- und sonst-manipuliert,
auftoupiert und hübsch frisiert, ohne Locken oder Strähnchen
unter ihrem Biofähnchen! Ehrlichkeit wird nicht bezahlt:
Die Tomaten sind bestrahlt; BSE-Rind, Chrom im Fisch,
Schweinepest frisch auf den Tisch, und als Beilage dabei
Nudeln aus bebrütet Ei...

Chinakohl mit Dioxin, H5N1 aus Ho-Chi-Minh,
Pilze, Tschernobyl-belastet – doch wer sich zu Tode fastet,
der ist auch nicht besser dran...

So heißt's: Friss und/oder stirb!
Werde stärker oder mürb,
lern das Gift einzuverleiben –
wird nix andres übrigbleiben!

Zu Tisch bei Fischs

Es warn einmal zwei Fische
im großen Ozean,
die saßen einst zu Tische,
bei Algen und Seetang.

Da sprach der erste: „Blubb!
Die Algen schmecken komisch
und auch die Seetangsupp' –
metallisch sauer, chromisch!"

„Ganz recht, ich merk es auch!"
sprach daraufhin der zweite,
„Es rumort im Bauch
und kitzelt mir die Häute!"

„Schuppen!" - *Rülps* "Beim Seehund!
Träum ich? Bin ich wach?
Was ist plötzlich die See bunt
und mir so anders? ...Ach...."

Dann schwiegen sie für immer
und schwammen mit dem Strom
als faule Rückenschwimmer,
dank Dünnsäure und Chrom!

Doch bald sind sie verschifft:
die Seafood-Industrie
bringt all das leckre Gift
zurück – Bon appétit!

Offener Brief an die U.S. of - ey!

Oh, Du Land der unbegrenzten Möglichkeiten überm See:
Deine Lorbeerruhmbekränzten sind wohl alle yesterday?
Einst habt Ihr lautstark verfasst (auf der Autarkieerklärung):
"Land of the free, in God we trust!" -
doch heut zählt ne andre Währung:

"Rest of the world: gottloses Pack!
We bring you bei, was freedom heißt,
haun Euch mighty on the Sack,
bis Ihr in the Jeans euch scheißt!
Die U.N. macht doch nur Pfusch!
Today, da braucht es echte Männer!"
Na, ist wieder was im Bush? –
"Not your business, UNO-Penner!

Zwar Rumst 's Feldle nimmer mehr,
doch wir bleiben still the strongest!
In love and war is alles fair -
we will see, wer lacht the longest!
Es gibt nun mal kein "Pazifist"
ohne "Fist" – you understand?
Und der nächste on the list
spürt schon bald new Shatterhand!"

"Fist" heißt "Faust", so les ich hier,
und um es mit Faust zu sagen:
"U.S.A, mir graut vor dir!
Darf, oh Missus, ich es wagen,
Euch Geleit noch anzutragen,
oder sollte ich's vertagen,
bis die wilden Cowboy-Blagen
sich wie Gentlemen betragen?"

"Friend" zu sein, heißt nicht nur nicken, milde lächeln, blind vertrauen,
sondern auch den Rohrstock zücken und mal auf die Finger hauen!
Darum nehmt es mir nicht krumm, liebe Amis - PATSCH! - Tat's weh?
Wie, Ihr fragt auch noch warum??
PATSCH! PATSCH! Dear U.S.ey!

Realität

Montag, 09:30 Uhr, Konferenzraum

"Gott zum Gruße, Herr Minister! Welche Ehre, dass Sie hier!
Ich steh gern Gewehr bei Fuße – möchten 's Cognac? Oder 'n Bier?

Die Auflagen, wie Sie sehen in den Angestelltenlisten,
haben wir befolgt. Es stehen im Vertrage bei mir: Christen,
Juden, Moslems und Buddhisten, Hindus, sowie Taoisten,
Zeugen Jehovas, Shintoisten, Schwule und auch Atheisten!"

"Herr Schmittlein, ich bin hoch erfreut,
ja, mir fehlen glatt die Worte!
Dass Toleranz Ihnen so viel bedeut' -
ach, gäb's doch mehr von Ihrer Sorte!"

Montag, 11:00 Uhr, Baustelle

Was läuft hier denn für ein Streifen?
Ist die Moschee abgebrannt?
Da muss ich mal hart durchgreifen:
"Ey! Guck hier, wo leuchtet Hand!
Ich weißer Mann. Was weiße Du? Du weiße gar nix, schwarz Arbeiter!
Hier nix Allah, Muslem-Gnu! Hier ich großes Rindviehleiter!
Fünf Mal Teppich Richtung Osten? Du spinne! Das gibts nix bei mir!
Hier Du bleibe auf deim Posten, sonst gefeuert! Du kapier?"

"Ich kapier, Chef, doch ich muss: ist ein heiliges Gesetz!"

"Papperlapapp, was für ein Stuss! Gesetz bin ich! Du schaffen!
JETZT!"

Terror Café (Oriental)

Irgendwo in Haifa steht das Café Oriental.
Dort kriegst Du von früh bis spät alle Tees deiner Wahl.
Und die Leute dort darin sind so herrlich jovial,
und Du fühlst dich richtig wohl, im Café Oriental!

Komm herein, setz Dich her, und wir trinken aufs Leben,
denn vielleicht, danke sehr, wird's uns morgen nicht mehr geben!
Komm wir trinken auf heut, komm nur her und setz dich rin,
denn schon morgen, wer weiß, sind wir alle beide hin!

Und der Morgen erwacht im Café Oriental.
Die Verluste letzte Nacht waren wieder fatal:
von den gestrigen Gästen sind's vier wen'ger an der Zahl,
waren vier von den Besten vom Café Oriental!

Komm herein, setz Dich her, und wir trinken aufs Leben,
denn vielleicht, danke sehr, wird's uns morgen nicht mehr geben!
Komm wir trinken auf heut, komm nur her und setz dich rin,
denn schon morgen, wer weiß, sind wir alle beide hin!

Irgendwo in Haifa stand das Café Oriental.
Dort bekamst Du allerhand, alle Tees deiner Wahl.
Doch letzte Nacht gab's das letzte orientalische Mahl:
ne Rakete zerfetzte das Café Oriental!

"Komm doch rein" hör ich's lachen, "und wir trinken aufs Leben!"
Aber jene, die das sprachen, kann es heut nicht mehr geben!
"Komm nur her und setz dich rin, und wir trinken aufs Jetzt!"
– Doch nun sind sie alle hin, von Raketen zerfetzt!

Und sie lachten und sangen: "Hei, Havah Nagilah!"
Ihre Stimmen erklangen: "Hei, Havah Nagilah!
Ja, wir leben, wir leben, heute soll es so sein!
Ob's uns morgen wird geben, das weiß nur Gott allein!

"Heia, Havah Nagilah! ja, wir leben, wir leben..."
Aber: Ätsch und von wegen - Jemand hatte was dagegen!

Terror Café (Hardrock)

Downtown, irgendwo, BRD,
uns gibt's überall, auch in Deiner Näh!
Komm zu uns mit Bus und U-Bahn und ICE;
es geht von jedem Bahnsteig E direkt aufs Kanapee –
unsres Terror Cafés!
Komm doch ins Terror Café!
Genieß unsren bombigen Tee
hier im Terror Café!

Hast Du keinen Bock auf "Tatort" in ARD –
bei uns läuft täglich "nine/eleven" auf DVD!
Und findest Du auch keinen, der dich versteht,
dann ist das ganz egal, weil's auch ohne Worte geht –
hier im Terror Café!
Komm doch ins Terror Café!
Auch "Ciao" schreibt man mit C.I.A.
hier im Terror Café!

Und fühlst Du dich mal etwas aus der Spur,
versuch doch einfach mal unsere Radikalkur...
Dann wächst auch über den betoniertesten Parcours
bald wieder Gras, und manchmal auch grüner Klee –
hier im Terror Café!
Komm doch ins Terror Café!
Der Ali gibt heut den D.J.
hier im Terror Café!

Unser Dresscode ist easy, passt bei Sonne und Schnee,
unsre Bomberjäckchen stylish und prêt-à-porter!
Sie zwicken zwar etwas, aber wen juckt denn des:
danach tragen wir eh alle XXXXXS...
hier im Terror Café!

Suchst Du das Terror Café?
Mach Dir die Augen nicht wund,
denn Du findest uns nicht.
Wir sind im Untergrund,
leben ohne Gesicht.
Doch um Dich zu finden schieben wir Doppelschicht
und liefern frei Haus unser jüngstes Gericht,
frisch und heiß aus dem Terror Café!

Unerhört

In dem fernen Kanada, sieht man, Jahr für Jahr für Jahr
wiederholt, das gleiche Spiel:
Wie sie, ohne Mitgefühl, Robbenbabys niederkeulen!
Heuler dürfen nicht mehr heulen, sondern nur ein letztes Mal
schreien durch kanadisch' Tal - Leben bleibt ihnen verwehrt...
Ihr Schrei verhallt - bleibt unerhört!

In japanischen Gewässern ist es auch nicht grade besser,
immerzu das gleiche Spiel,
wenn sie, ohne Mitgefühl, und aus nicht vorhandnen Nöten,
artbedrohte Wale töten! Und so wird der Walgesang
ein immer seltenerer Klang - Singen wird ihnen verwehrt,
ihr stummer Schrei - bleibt unerhört!

Auch in Kongos Dschungeleck ist es, ohne Sinn und Zweck,
immer wieder zu betrachten,
wie sie die Bonobos schlachten! Eignen sich gut zum Verzehren,
weil Bonobos sich nicht wehren - sind nun einmal Pazifisten!
Stehen schon auf roten Listen - Friede bleibt ihnen verwehrt...
Der Urwald schreit - bleibt unerhört!

So läuft's auf dem blau'n Planeten: Es wird, auch wenn nicht vonnöten,
Reservatsöl aufgebraucht.
Auch die Dschungelrodung raucht - unser Klima wird geschlachtet
und geknüppelt, ungeachtet, dass die Erde revoltiert,
und am Schluss der Mensch verliert, sich die Zukunft so verwehrt...
Und wer schreit, ist unerhört!

Auf der Bananenschale des Lebens

Keine Banane ist so hart wie das Leben!

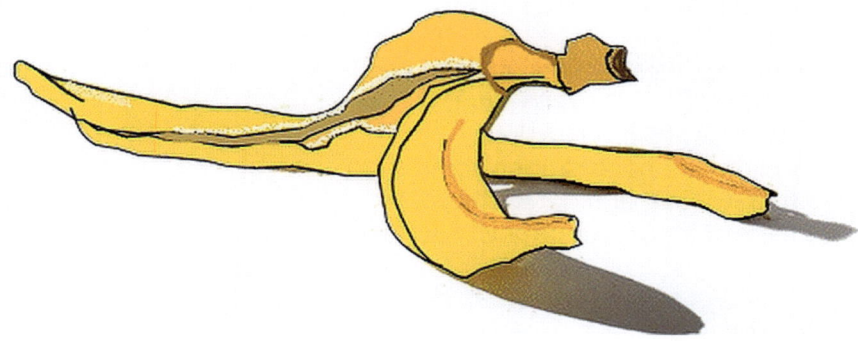

Ich Tarzan, Du Jane!

Mann denkt und sagt... nichts!
Sie fragt: "Woran denkst Du grade?"
Er erwidert darauf: "Nichts!"
Sie meint: "Liebling, öffne Dich!
Sag, was Dir den Kopf zerbricht;
zeig mir deine Hirnschublade!"

Ihn bringt dieses nicht ins Wanken.
Er sagt: "Die ist wirklich leer!
Hab alltägliche Gedanken,
die von hier nach drüben schwanken
ausgewiesen aus den Schranken
meines Hirns. War gar nicht schwer!"

Frau sagt gar nix und starrt stumm
auf den Mann, Arme verschränkt:
'Warum druckst er so herum?
Hält der mich vielleicht für dumm?
Oder hat er nicht den Mumm,
mir zu sagen, was er denkt?'

Mann sinniert, den Blick im Leeren.
Und dann, ohne dass er's merkt,
kann man ihn leis seufzen hören -
doch das muss die Frau verstören!
Seufzers Grund ihr zu verwehren,
wär verräterisches Werk!

So beginnt der Hirne Streich...
"Nerv ich Dich?" spricht sie erbost,
doch alles, was DER Satz erreicht,
ist, dass noch ein *Seufz* entweicht:
'Das zu lösen wird nicht leicht!'
denkt er, während's in ihm tost.

'Wie erklär ich, dass zuweilen
Männer einfach 's Hirn abschalten,
und den Kopf ins Nichts abseilen?
Dass da gar nichts mitzuteilen?'
Er beginnt nen Satz zu feilen...
- 'Sie wird ihn genügend halten!'

"Schatz, es ist nichts, glaube mir!
War nur grad im Nirgendwo,
weg von Logik und Gespür,
jenseits der Gedankentür.
Es gibt halt kein Wort dafür,
außer "Nichts". Verstehst Du's so?"

"Klar!" schnappt sie ihm entgegen.
Daraufhin seufzt er aufs Neue -
großer Fehler! "Nichts? Von wegen!"
Worauf dieses Hauses Segen
sich in Schieflage sollt legen.
"Sprich: versagst Du mir die Treue?"

"Sie ist hübsch, hat rotes Haar',
ist zudem ne Wucht im Bett!
Und ich hoffe, Dir ist klar,
dass das jetzt ironisch war!
Ich dachte wirklich an Nichts. Ja?!
Ach, was war das "Nichts" so nett..."

Heulend stürzt sie aus dem Zimmer,
und aus ihren Augen läuft's!
Lange noch hört man Gewimmer.
Dieses "Nichts", es wurde "Schlimmer"
und ich hab kein' blassen Schimmer
wieso, sag nur: "Oh Mann!" –
und seufz!

Schönheit – falsche Seite

Das Leben steckt voll Ironie,
und manchmal auch Missgunst.
Ich sehe Dich: wie Poesie,
von der Natur mit Kunst
in eine Frauenform gereimt,
als weibliches Sonett!
Als hätt Vivaldi Dich erträumt
bei einem Streichquartett!

Brünett Dein Haar, das luftig fällt,
die Haut glänzt bronzen weich –
wie aus antiker Griechenwelt:
real, doch göttergleich!

Augen, die mit Pharos' Macht
am goldenhellen Strand
des Sternenmeers in klarer Nacht!
erstrahlen, heiß entbrannt!
Ein Feuer, das mich nicht verzehrt,
sondern den Raum erhellt!
Ein Schuft ist, wer Dich nicht verehrt,
nicht Deinem Blick verfällt!

Doch hast Du Augen nur für SIE,
bin um mein Glück betrogen.
Du bist – Natur, welch Ironie! –
der Männerwelt entzogen!
So ist die Hoffnung hoffnungslos...
Mir bleibt zu akzeptieren,
dass diese Chance chancenlos –
hier kann ich nur verlieren.

Gewonnen hab ich den Moment,
als ich heute Dich erblickt!
Und ist er auch schon längst verrinnt,
so ist es mir geglückt,
dass er in diesen Zeilen weiterschwelgt,
bewahrt vorm Fluss der Zeit,
dass deine Schönheit nie verwelkt,
sie strahlt in Ewigkeit!

Aus dem Leben eines Taugeviel

Viel zu schnell verging die Nacht -
"Guten Morgen, aufgewacht!"
Morgen? Nun ja, wie man's nimmt:
Sonne ist noch abgedimmt...

Müde blicke ich nach draußen,
trübe blickt's zu mir herein,
und ich fühl, mit kaltem Grausen,
mich so leer und so allein,
deplatziert, mehr Schein als Sein...

Morgenblues wird laut vertrieben
durch des Weckers schrilles Piepen.
Hart und ziemlich gnadenlos
ignoriert er meine Qual
und kräht: "In die Puschen, los!" -
morgendliches Ritual...

Glatt rasiert und frisch gedopt
mit ner Kaffeeinfusion
geht's per Auto Richtung Job -
werd mit einem Stau belohnt.
Doch kaum ist, mit Ach und Krach,
der bezwungen, wartet schon
der nächste - im E-Mail-Postfach...

Aus meiner Eintönigkeit
erlöst mich manchmal ein Kollege:
"Tschuldige, hast Du mal Zeit?
Denn ich hab da ein Problem!"
Das ist mir recht angenehm,
denn so werd ich niemals träge,
und der Mittag kommt im Nu -
wie, schon Zwo?? Kantine: zu...

Dann halt in die Bäckerei!
Dort gibt es auf alle Fälle
Semmeln noch, mit Wurst und Ei,
auf die Hand und auf die Schnelle,
weil es anders gar nicht geht:
Projektmeeting um halb drei -
heut wird's sicher wieder spät...
Jetzt ist endlich Feierabend!
Recht geschafft und müde trabend
blicke ich durchs Fenster raus:
Düster blickt's zu mir herein.
Nur an unsrem Lagerhaus
brennt noch ein Laternenschein...

Feierabend? Wie man's nimmt:
Abend ja, doch nichts zum Feiern,
weil hier etwas gar nicht stimmt:
etwas ist mir nicht geheuer
an der alltäglichen Leier...

Was mag's sein? Was ist es bloß?
Hart und ziemlich gnadenlos
spür ich: es fehlt etwas eben
in meinem Leben - das Leben…

Armes Schwein!

Man sieht Dich auf der Straße
und nennt es „Gammelei".
Dann rümpft man kurz die Nase
und schaut an Dir vorbei:
bist nicht präsentativ,
repräsentierst das Tief:

Du bist ein armes Schwein.
Trägst keine Schuld daran,
und trägst sie doch allein –
weil keiner sonst es kann…

Man sieht Dich an der Tafel –
auch in den Ferientagen:
politisches Geschwafel
allein füllt keinen Magen!
Drum stehst – statt auf Agenden –
Du an den Essensständen…

Du bist ein armes Schwein.
Trägst keine Schuld daran,
und trägst sie doch allein –
weil keiner sonst es kann…

Du bist im richt'gen Land
im falschen Clan geboren:
Noch kein Blatt auf der Hand,
und schon das Spiel verloren!
Mit Trümpfen wird gegeizt,
mit 17 ausgereizt…

Du bist ein armes Schwein,
von Anfang an verhunzt.
Du trägst die Schuld allein –
Und nur, weil Du nicht grunzt…

Lakritz macht spitz – Döner macht schöner!

Frühling ist's und herrlich warm - doch die Waage schlägt Alarm:
„Achtung, Badestrandverbot, Badehoseplatz-Angst droht!
Deine Maße gingen flöten, ne Diät wär jetzt vonnöten!"

F.d.H. und Kürbiskern?
Pizza ess ich doch so gern!
Doch ich darf nicht, muss mich zügeln und den Winterspeck wegbügeln
zur textilarmen Figur! Trinke meinen Kaffee pur,
ohne Zucker, ohne Sahne, ess dazu eine Banane.

Sehe meine Gramm verschwinden.
Vorne schwabbelt's kaum noch. Hinten?
Ach, wer guckt schon auf den Po... - Jeder! - Jeder? Hmm.. ach so!
Na, dann streich ich noch die Fritten, stemme hanteln für die Arme,
mittags Joghurt, pur und sauer - ob's was hilft, so auf die Dauer?

Nächste Woche – ach du grüne
Neune – hat die Josefine
ihren Fuffzigsten! Was tun? Soll ich? Darf ich? Muss ich? Nun,
will ich wirklich Wasser schlürfen? Na, eins werd ich doch wohl dürfen!
Oder zwei? - Und dann: der Peter feiert Hochzeit, drei Tag' später!

Selbst, wenn ich auch sonst nur süße
Früchte esse und Gemüse,
Möhrchen knabbere und Lauch - ich krieg nie nen glatten Bauch,
und mein Hintern schwabbelt weiter, taktsynchron zur Wampe – leider!
Was bringt mir die Quälerei und die Pfundezählerei?!

Schlank sein, ohne Spaß zu haben? Lieber sich am Leben laben,
hat es auch zu viele Pfunde! Komm, ich geb jetzt eine Runde,
trotz erhöhtem Körperfett: lieber dick und dafür nett!

Im Urwald gibt's koa Jahreszeitn – im Zoo aber scho!

Saisonale Gedichte

Positiv denken!

Oh Januar, oh Januar,
wie schön er letztes Jahr doch war!
Doch dieses Jahr, pfui Spinne,
ist er nicht so der Hit:
er tropft aus jeder Rinne –
und viele Nasen mit…

Wo früher Schnee gerieselt,
wird heut nur noch genieselt!
Ein kaltes Lüftchen pustet
durch meine dürren Knochen;
des Nachbars Pudel hustet –
ich geb ihm noch zwei Wochen…

Wer spricht da noch von „Wintern"?
Der hier ist für den Hintern
(wenn auch nichts für meinen)!
Man hört die Vorhersage
Und möchte am liebsten weinen,
an solchem trüben Tage…

Doch bringt das schönste Greinen
die Sonne nicht zum Scheinen,
drum lasse ich es bleiben.
Es soll mir halt genügen,
mich selbst, zum Zeitvertreiben,
mit Frohsinn zu betrügen:

Oh Januar, oh Januar,
wie schön er dieses Jahr doch war:
von Eis- und Schneegesudel
hat er mich ganz verschont,
und auch von Nachbars Pudel –
so hat er sich gelohnt!

Frühlingsgefühle

Nach und nach steigen die Kräfte, nach und nach steigen die Säfte.
In den Wäldern, in den Wiesen, will das Leben wieder sprießen,
wird umweht von grünen Düftchen, und so manches laue Lüftchen
hebt an zum Trompetenstoß!

Die Natur malt sich nun frei, wechselt ihre Staffelei
zu Schattierungen von Grün, will kein Grau und Braun mehr sehn,
singt und lacht aus voller Kehle und bauchpinselt unsre Seele,
lächelt unsre Falten glatt!

Alles ist vom Mai berauscht: Jedermann genießt und lauscht,
wie die Vögel munter zwitschern, und die Brunnen lustig plitschern,
die Cafés im Freien füllen. Langsam lichten sich die Hüllen,
zeigen gerne nackte Haut!

Goldig kräuseln sich die Löckchen, und es säuseln Miniröckchen
süße Frühlingsouvertüren, Singleaugen zu verführen
(hauptsächlich in Baby-Pink), geben eindeutigen Wink:
"Die Saison ist nun eröffnet!"

Nicht nur Pflanzen haben Triebe, und so zieht der Herr der Liebe
Amorpfeile aus dem Köcher und verschießt sie, noch und nöcher,
ziellos zahlreich auf die Herzen, trifft sie voll, mit süßen Schmerzen,
bis die Wunden Knospen treiben!

Warme Frühlingssonnenmacht lässt sie blühn, in voller Pracht,
dass mit brausend bunter Schwinge tausend Liebeschmetterlinge
unsre Magengrube kitzeln, über alten Schwermut witzeln,
uns auf Schäfchenwolken heben!

Fliegen fort von unsren Lasten, enden das Gefühlefasten!
Neue Leichtigkeit des Seins ersetzt den einsam grauen Schein.
Es erschwebt das Herzgewicht und erstrahlt in neuem Licht –
Frühling, solltest ewig währen!

Frühlingssynästhesie

Die Natur hat
in ihrem Atelier die
Farbpalette ausgewechselt
und   malt   nun IN   ALLEN
REGENBOGENSCHATTIERUNGEN
VON GRÜN   auf die ergraute Leinwand der Welt!
ein Tupfer hier, ein Tupfer dort, und da
ein   voller KLECKS von Farbe!
es duftet grün, die Blümchen rauschen bunt,
und die Vögel zwitschern so HELL GELB!
Es steigen die Kräfte,
es steigen die Säfte,
es duften
die Lüfte,
wir schwingen
die Hüfte
zum Jive
der Natur.
Lebens
Partitur
spielt nun
in C-Dur
die Frühlingssonate

```
        m    u    u    T
        i    n    n    r
    t        d    d    o
                       o
                       m
    H    V    g              p
    a    i    e              e
  r      o         l         t
 f       l         e              e
e        i              g              n
n        n              e              s
 e                 n                         t
 n                 t              ö
                   l              ß
                   i                   e
                   c                   n
                   h
                   e
                   n
```

74

Die Vier Jahreszeiten

(angelehnt an Eduard Mörikes "Er ist's")

Wenn des Frühlings blaue Bänder
Wieder durch die Lüfte flattern,
Zum ersten Mal Traktoren rattern
Über nackte Ackerländer,
Träumen nicht nur Veilchen
Vom baldigen Kommen!
Auch diverse andre Teilchen
Warten höchstens noch ein Weilchen,
Bis sie Frühlings Harfenklang vernommen!

Sommer streift durch sattes Grün,
Bienen summen durch die Wiesen,
Pollen lassen manchen niesen!
Die Sonne scheint so schön!
Dreißig Grad und mehr im Schatten
Erdbeern auf dem Kuchen,
Wiesen voll mit Badematten,
Freibäder mit Wasserratten,
Die im Nass Abkühlung suchen.

Herbstzeit lässt ihr buntes Band
Wieder flattern durch die Lüfte,
Und der Reben süße Düfte
Schwängern öchsleschwer das Land.
Astern träumen nicht,
Sondern blühen schon.
Schau, ganz fern, Orions Licht!
Herbstzeit, ja dich höre ich!
In Windeseile mit klarem Ton!

In Bälde schon der Winter lacht,
macht die Bäume leer.
Frost kommt quasi über Nacht,
Dem Leben fällt das Leben schwer,
Es will jetzt im Warmen sitzen.
Die Natur trägt weiße Tracht,
Bedeckt den Tod mit Zipfelmützen,
Bis wieder Schneeglöckchen spitzen
Und das Leben neu erwacht!

Es weihnachtet sehr – und immer mehr!

Von draus vom Dorfe komm ich her;
ich muss schon sagen: es weihnachtet sehr!

All überall auf Dächern und Zäunen
sah ich goldene Lichtlein sitzen,
und auf einer Rindviehscheune
sah ich nen Schlitten mit Rentieren blitzen!
Die Vorweihnachtsoptik störte da nur
die knallig gelbe Verlängerungsschnur,
und die Millionen winziger Mücken
auf Rudolph Rentiers Nasenrücken...

Und droben am goldenen Himmelstor
hockte das Christkind und glaubte es kaum.
Es sah mit großen Augen hervor:
tatsächlich hing an einem Kabelbaum,
so dick wie mein Bein, von Starkstrom gespeist,
der Betlehem-Stern, von Rentiern umkreist!
Und es schwirrten Mücken gigantischer Maße
um Rudolph Rentiers glühende Nase...

Und wie sein Blick streifte durch finsteren Tann,
da sucht es das Kraftwerk fürs nächste Haus!
Denn: groß wie der Ghostbusters-Marshmallow-Mann
und megawatthell leuchtet Santa Claus
computergesteuert winkend vom Schlot!
Die Kabel, die leuchten vorweihnachtlich rot,
so wie Rudolph Rentiers prominenter Riecher,
umschwirrt von Motten – riesige Viecher!

Doch mir - und dem Christkind – ich schwöre euch, ist
die Spucke – und alles – glatt weggeblieben
beim letzten Hause: Oh lieber Herr Christ!
Von Größe zu sprechen wär da untertrieben,
um nicht zu sagen: schlichtweg gelogen!
Des Weihnachtsmanns Finger war etwas verbogen,
und Rudolph, dem Rentier, fehlte ein Zahn -
da hat sich ein Airbus wohl ganz leicht vertan...

Alle Jahre wieder

Roter Samt und Tannengrün, goldne Kugeln, Lichter blitzen,
alle Farben gibt's zu sehn, spiegeln sich in Christbaumspitzen.
Dürre Kerls in dicken Bärten (manchmal ist's auch andersrum)
spielen Weihnachtsmann. Vorgärten leuchten wie's Elysium!

Die Luft, sie schmeckt nach Apfel-Zimt, Waffeln und kandierten Nüssen,
Glühwein gibt es auch. Bestimmt wärmt er von innen schön die Füße!
Man frisst täglich Weihnachtslieder und 's Jesuskind gibt's zum Dessert.
Alle Jahre kommt es wieder, alle Jahre bringt es mehr!

Friede, Freude, Weihnachtsglocken. Überall gibt's leckre Sachen,
Kalorienbomben locken - während sonstwo Bomben krachen...
Ob es Waffenruhe gibt? Einstellung der Explosionen?
Ob das Töten man aufschiebt in all den vielen Kriegsregionen?

Keinen Tod zu Heilig Abend, bitte! Den Krieg für einen Tag abblasen!
Schießt Euch morgen in die Hütte - Ihr könnt's aber auch gerne lassen!

Hört an Weihnacht auf, zu schießen! Durchaus wär's auch im
Ramadan
und Rosch Haschanah zu begrüßen, Ostern, Yom Kippur, und dann
hätt's Christkind endlich mal nen Grund, den Geburtstag zu genießen!
Die Menschheit wäre (fast) gesund, könnt das Leben sich versüßen.

Dann schmeckte Glühwein doppelt gut, die Waffeln süß nach
Menschlichkeit, und Religion nicht mehr nach Blut!
Alle Jahre wieder? So: jederzeit!

Weihnachtsnacht (Ruth Galambos)

Viele folgten einst dem Stern,
Arme, Reiche, groß und klein.
Tagelang, von nah und fern,
Eilten sie zu ihrem Herrn,
Redeten vom Jesulein.
Und es waren dort im Stalle,
Nah bei Ochs und Schaf und Rind,
Schäfer, Könige und alle,
Edelleute und Gesind.
Reichten Gold und Windeln auch
Ihrem Retter in der Kripp,
Myrrhe, Perlen und Weihrauch.
Huldigten nach gutem Brauch,
Ihm zu wünschen Heil und Glück.
Maria dankt und schaut zum Kinde;
Mögen sie es segnen all.
Engel singen mit dem Winde
Leis, zu Betlehem im Stall.

Impressum

Text "Weihnachtsnacht": © 2007 Ruth Galambos
Alle anderen Texte © 2006, 2007, 2008 Andreas
„Bonobo" Galambos

Foto Cover & Kapitel "Jahreszeiten": © 2005 Marian Brickner,
Jacksonville Zoo, mit freundlicher Genehmigung
Sonstige Kapiteldeckblätter: © 2008 Andreas Galambos

Herstellung und Verlag: Books on Demand GmbH, Norderstedt.
ISBN 9783837040753

Bibliografische Information der Deutschen Nationalbibliothek
Die Deutsche Nationalbibliothek verzeichnet diese Publikation in
der Deutschen Nationalbibliografie; detaillierte bibliografische
Daten sind im Internet über http://dnb.d-nb.de abrufbar.

Über den Autor

Der „Bonobo", Andreas Galambos:

ist 1972 in Kaiserslautern geboren und lebt zurzeit in Stuttgart. Er hat in Kaiserslautern Elektrotechnik, Informatik und Physik studiert und verdingte sich während des Studiums als Nachhilfelehrer für Mathematik, Physik und Englisch, bevor er sich – mittendrin – entschloss, etwas Vernünftiges zu tun. Schließlich fand er seinen Beruf und seine Berufung als „Lokalisierungsengineer", also als Techniker und Datenspezialist in der Übersetzungsbranche.

Seit einigen Jahren schon verbreitet der Bonobo seine Läuse im Internet (besser als Viren, oder?). Sein Roman „Der letzte seiner Art", ein wahres Jahrtausendwerk, wird voraussichtlich noch im Laufe dieses Jahrtausends fertig und auf Euch wilde Affenhorde da draußen losgelassen. Dann allerdings unter seinem richtigen Namen.

Das Äfflein dankt Euch von ganzem Herzen, dass Ihr es bis zu dieser letzten Seite geschafft habt (es sei denn, Ihr habt geschummelt und *nur* diese Seite gelesen, dann gaaaanz schnell zurückblättern), und hofft von ganzem Herzen, dass es Euch ein wenig gefiel.

Falls nicht, aber auch falls doch, schreibt bitte gerne und zahlreich! Und wenn Ihr nicht schreibt – selber schuld, dann wird das nächste Buch leider auch nicht besser!

Vielen Dank und bleibt genau so, wie Ihr seid – anders wär nämlich schlecht!

Euer Bonobo